BEI GRIN MACHT SICH WISSEN BEZAHLT

Romina Bullan

Application Service Providing

GRIN Verlag

Bibliografische Information der Deutschen Nationalbibliothek:

Die Deutsche Bibliothek verzeichnet diese Publikation in der Deutschen National-
bibliografie; detaillierte bibliografische Daten sind im Internet über http://dnb.d-
nb.de/ abrufbar.

Impressum:

Copyright © 2006 GRIN Verlag GmbH
Druck und Bindung: Books on Demand GmbH, Norderstedt Germany
ISBN: 978-3-640-56396-8

Dieses Buch bei GRIN:

http://www.grin.com/de/e-book/52314/application-service-providing

GRIN - Your knowledge has value

Der GRIN Verlag publiziert seit 1998 wissenschaftliche Arbeiten von Studenten, Hochschullehrern und anderen Akademikern als eBook und gedrucktes Buch. Die Verlagswebsite www.grin.com ist die ideale Plattform zur Veröffentlichung von Hausarbeiten, Abschlussarbeiten, wissenschaftlichen Aufsätzen, Dissertationen und Fachbüchern.

Besuchen Sie uns im Internet:

http://www.grin.com/

http://www.facebook.com/grincom

http://www.twitter.com/grin_com

Seminararbeit im Rahmen der Veranstaltung
„Wirtschaftsinformatik 1"
Lehrstuhl für WI und Electronic Government
WiSe 05/ 06

Thema:

Application Service Providing

Fachrichtung: Betriebswirtschaftslehre

Abgabedatum: 12.01.2006

Gliederung

1 Einleitung

Ausgangspunkt dieser Seminararbeit ist die betriebswirtschaftliche Problemstellung Businesszyklen mit Informationstechnologiezyklen zu synchronisieren. Dabei wird deutlich, welchen Einfluss die IT- Infrastruktur auf die Wettbewerbsfähigkeit eines Unternehmens hat.

In Kapitel 3 wird das Modell des Application Service Providing, das eine Lösungsmöglichkeit der Problemstellung aufzeigt, näher erläutert. Es wird speziell auf das Grundprinzip, die 2 Arten und das Basismodell eingegangen. Zusätzlich wird gezeigt, dass es sich bei ASP um eine Form des Outsourcings handelt.

Kapitel 4 befasst sich mit dem Fullservice im Markt des ASP mit seinem Dienstleistungsspektrum und dem Angebot an Applikationen bzw. Anwendungen. Die Auswirkung auf mittelständische und große Unternehmen wird hier ausführlich analysiert. Das Kapitel schließt mit einem Anwendungsbeispiel zur besseren Veranschaulichung.

Das fünfte Kapitel befasst sich mit den Vor- und Nachteilen bezüglich Softwareleasing, Standard- und Individualsoftware.

Als vorletztes Kapitel liefert das sechste einen Ausblick auf die Entwicklung des ASP-Marktes in der Zukunft.

Kapitel 7 zieht zusammenfassend ein Fazit.

2 Problemstellung

Achim Heidebrecht, Senior Consultant der META Group Deutschland: *„Heutige Business-Zyklen verändern sich schneller als IT- Infrastrukturen. Daher wird die Fähigkeit einer raschen Umsetzung veränderter IT- Infrastruktur- Architekturen eine neue Kenngröße für das gesamte Unternehmen. Erschwerend kommt hinzu, dass die Zeitvorgaben für Implementierungen nicht mehr in Jahren, sondern in Monaten, wenn nicht gar in Wochen gesetzt werden.“*

Achim Heidebrecht weist mit seiner Aussage auf das Problem hin, dass Businesszyklen schwer mit Informationstechnologiezyklen zu synchronisieren sind, da wirtschaftliche Abläufe sich schneller verändern als infrastrukturelle IT- Maßnahmen im Unternehmen durchführbar sind.[1] Es wird ein Weg zu finden sein, der dieses Problem zu lösen fähig ist.

In der heutigen Wirtschaft sieht sich das einzelne Unternehmen ständigen Veränderungen gegenüber, auf die kurzfristig zu reagieren ist.

Produktionsprozesse unterliegen einem fortwährenden technischen Fortschritt. Es treten vermehrt neue Wettbewerber auf den Markt, was Einfluss auf die Angebotspreise hat. Im Zuge der Globalisierung werden Reorganisationsmaßnahmen notwendig, da zusätzliche Standorte entstehen und somit Informationen u. a. größere Entfernungen zu überwinden haben.

Die genannten Beispiele führen alle zur Verschärfung des Wettbewerbsdrucks auf die Unternehmen. Um diesem standhalten zu können, muss die Unternehmung sich wirtschaftliche und technologische Vorteile in Bezug auf die Mitbewerber schaffen. Das gelingt in erster Linie durch eine schnelle Anpassung an die Geschäfts- und Unternehmensentwicklung, indem fortschrittliche Technologien integriert und Ausfallrisiken minimiert werden. So wird eine effiziente Wertschöpfung aufrechterhalten. Das ermöglicht

---

1 Vgl.: http://cio-magazin.de/news/804295/index.html

jedoch nur eine, auf neuesten Erkenntnissen beruhende, Informationstechnologie, die unternehmensbedeutsame Anwendungen, wie z.b. Ressourcenmanagement- , Kundenbeziehungsmanagement- und Kommunikationsprogramme anbietet und unterstützt.[2]

Die eben beschriebenen Anpassungsreaktionen sind in der Regel mit enormen Aufwendungen verbunden.
Ursprünglich werden Unternehmensanwendungen in der internen IT- Infrastruktur eines Unternehmens implementiert. Für die Installation einer neuen Software benötigt das Unternehmen Lizenzen vom Softwareanbieter oder es entstehen Personalkosten für Programmierer. Zusätzlich muss die IT- Abteilung oder eine Drittfirma die Software auf den Systemen installieren. Das bedeutet Anfangsinvestitionen in Lizenzen, Hard- und Software, sowie in das implementierende Personal. Das nun aufgebaute System muss für die Gewährleistung eines störungsfreien Betriebes gewartet werden. „Die Softwarewartung umfasst Aktivitäten wie regelmäßige Backups, Einspielen und Beschaffen von Bugfixes, sowie Upgrades der Anwendung und führt zu weiteren laufenden Ausgaben. [...]."[3]

D.h. es wird eine großzügige IT- Abteilung im eigenen Unternehmen aufgebaut, die mit teuren gut ausgebildeten Spezialisten ausgestattet ist. Diese Mitarbeiter werden nötig, da ständig neue technische Ansätze in die Anwendungen eingebunden werden und in kurzer Zeit der Abteilung zur Verfügung stehen müssen. Zu dem Kostenfaktor Fachkräfte kommt folglich der Kostenfaktor Hardware hinzu, die mit ihrem Leistungsprofil den Anforderungen der Software entsprechen sollte.

Diese finanzielle Belastung wäre von kleinen und mittelständischen Unternehmen kaum zu tragen. Großen Unternehmen entstehen Kosten, die die Wirtschaftlichkeit, also das Verhältnis von Ergebnis und Mitteleinsatz, belasten kann. Zusätzlich lenkt die notwendige IT- Arbeit vom Kerngeschäft der Unternehmung ab.

3 Application Service Providing als Lösung

Das Konzept des Application- Service- Providing (ASP) versucht eine Lösung anzubieten.

3.1 Definition

Unter Application Service Providing ist das Mieten von Software von einem AS- Anbieter zu verstehen.
ASPs umschließen eine Vielzahl von Anwendungen auf einem zentralen Server des dienstleistenden Unternehmens, der über ein Netzwerk mit den Unternehmen kommuniziert. Die Softwareanwendungen gehören dem AS- Anbieter und sind durch eine Vereinbarung mit dem Softwarehersteller schon lizenziert. Sie werden in einem Rechenzentrum und nicht beim einzelnen Kunden gehostet und verwaltet. Weiterhin kümmert sich der Anbieter um die Sicherheit und Backups sowie die Störfallvorsorge. Die Daten der entsprechenden Unternehmen liegen hier beim Anbieter auf einem Datenbankserver vor.
Der Kunde greift über einen Browser oder ein internetfähiges Telefon auf die Anwendungen zu und ist daher räumlich und zeitlich flexibel. Alternativen für

---

2   Vgl.: www.comparex.de/download/whitepapers/cpa_asp_de.pdf

3   Sebastian Hockmann, Analyse des Application Service Providing Modells für den Mittelstand mit prototypischer Umsetzung, (31.05.2003),

Übertragungsmedien sind auch virtuelle private Netze (VPN), Mietleitungen oder Satellitenverbindungen.

Für die Bereitstellung und Nutzung dieses Services ist eine von der Anzahl der Benutzer, der Anwendungen, der Transaktionen und der Verbindungszeit abhängige Gebühr zu entrichten. Die Gestaltung des Abrechnungssystems ist variabel gestaltbar. Beispielsweise kann die Onlinezeit rückwirkend abgerechnet oder eine monatliche Abopauschale erhoben werden (Abb.1).

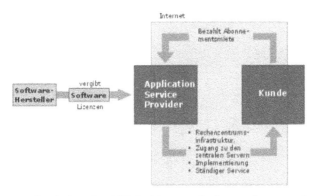

Abb.1: Grundaufbau einer ASP- Beziehung   Quelle: www.4managers.de

3.2 Arten

Allgemein unterscheidet man zwei Arten von ASP. Bei der verbreitetsten Form, das ClientBased ASP, ist die Installation der Anwendung auf dem Rechner des Kunden nicht notwendig, da sie direkt über den Internetbrowser lauffähig ist. Das gewährleisten unter anderem HTML- und Javafähige Browser auf der Grundlage von so genannten Applets. Die zweite Form, ServerBased ASP, benötigt dahingegen die Installation eines Plug- Ins auf dem lokalen Rechner, um den Zugriff auf die Anwendungen des Servers zu gewährleisten.

3.3 ASP als Form des Outsourcings

ASP stellt eine Spezialform einer Outsourcing- Beziehung dar.
Es ist dabei als so genanntes „One- to- many- Angebot" aufgebaut. Dies bedeutet, dass unterschiedliche Applikationen auf verschiedenen Servern abgelegt sind. Der Kunde hat nur Zugriff auf den Server, deren Dienstleistung er auch angemietet hat. So können viele Kunden den Dienst über eine gewisse Vertragslaufzeit in Anspruch nehmen. Das zieht aber auch eine fehlende Spezifizierung der Applikation auf die individuellen Bedürfnisse des jeweiligen Unternehmens nach sich. Es geschieht hier nur eine bestimmt Ausrichtung auf die Zielgruppen bzw. Branchen. Dieser Sachverhalt unterscheidet ASP vom herkömmlichen Outsourcing, das die Server nach Kunden und nicht nach Anwendungen lädt und so auf Kundenbedürfnisse eingehen kann (Abb.2).

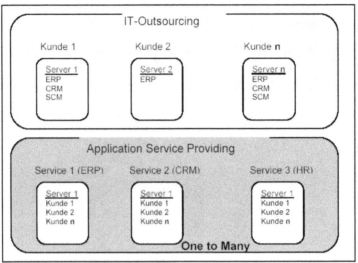

Abb.2 :ASP und IT- Outsourcing im Vergleich   Quelle: H. Stamm, S. 56

3.4 Das ASP- Basismodell

Beim Basismodell des ASP liegt die gesamte Verantwortung für die
Dienstleistungsgestaltung und den Betrieb der Anwendungen beim AS- Anbieter. Dieser
erwirbt die Softwarelizenzen stellt die benötigte Hardware und die Netzwerke zur
Verfügung. Der Kunde bezieht die Applikationen dann über eine Netzanbindung, z.b. über
das Internet.
Die zur Verfügung gestellten Leistungen werden vertraglich in dem so genannten Service-
Level- Agreement (SLA) vereinbart und festgeschrieben. Sie sind als verbindliche
Leistungsnormen zu verstehen.
Aus der SLA- Gestaltung resultieren unterschiedliche Businesssysteme.
Das SLA regelt die Qualität, in der der Provider seine Leistung anbietet und sein Vorgehen
bei Störfällen und Qualitätseinbußen.
Die nachgefragten Dienstleistungen sind je nach Kundenwunsch aus verschiedenen
Komponenten aufgebaut. Das jeweilige Angebot kann von Provider zu Provider
unterschiedlich sein. Der Anbieter hält dabei den Kontakt zum Kunden über die
Schnittstellenanwendung des Customer- Relationship- Management (Anwendung für
Kundenbeschaffungs- und -beziehungsmanagement) aufrecht.

Abbildung 3 zeigt die Wertschöpfung innerhalb einer ASP- Beziehung die 6 Service- Level
umfasst.
Level 1 bis 3 mit IT-Infrastruktur, Datenzentrum (Speicherung und Verwaltung) und
Applikationen beschreiben das Kernstück eines solchen Vertrages. In Level 4- 6 befinden
sich, das Angebot erweiternde Extraleistungen, wie Customizing (Anpassung der
Anwendungen an die Betriebsprozesse), sowie Service- und Kundensupport.
Indem Falle, dass der AS-Provider Level 1 bis 2 fremd bezieht, besteht auch zwischen
Provider und Lieferant ein Service- Level- Agreement.

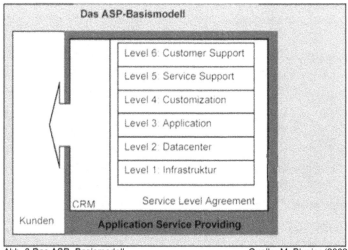

Abb. 3 Das ASP- Basismodell   Quelle: M. Blunier (2002)

4 Fullservice im ASP- Markt

4.1 Das Dienstleistungsspektrum

Entlang der IT- Wertschöpfungskette sind dem AS-Anbieter mehrere Stufen vorgeschaltet.
Um trotzdem einen Full-Service anbieten zu können greift er auf Dienste anderer Service-
Provider zurück, bleibt aber alleiniger Ansprechpartner in allen Belangen der gemieteten
Applikation für den Kunden.
Ein Service-Provider ist z.B. jemand der Räumlichkeiten für Server bzw. die IT-
Ausrüstung zur Verfügung stellt. Das Angebot umfasst dann Wartung, Sicherheit und
Zugang zu internationalen großen Netzwerken von Dienstleistern und wird auch
Colocation-Service genannt. Ein weiteres Beispiel sind Netzprovider, die Leitungen für den
nationalen und internationalen Datenverkehr bereitstellen (Abb.4).

Abb.4: IT-Wertschöpfungskette

Der ASP- Markt bietet somit ein breites Dienstleistungsspektrum hinsichtlich Internet und
unternehmensinterner und -übergreifender IT-Infrastrukturen an.
D.h. der AS- Provider stellt Hard- und Software inklusive Lizenzen, ein Rechenzentrum
und den Systembetrieb einschließlich seiner am technischen Fortschritt orientierten
Weiterentwicklung zur Verfügung. Er besitzt eine Support- sowie Schulungsfunktion
gegenüber dem Kunden und gewährleistet die Sicherheit und Verfügbarkeit der ihm
anvertrauten und verwalteten Daten bzw. bereitgestellten Applikationen. Die
Dienstleistung kann durch das Service- Level- Agreement auf die Bedürfnisse der
einzelnen Unternehmen, z.B. hinsichtlich der Firmenstrategie, konfiguriert werden (Abb.5).

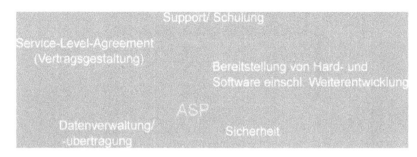

Abb.5: Dienstleistungsspektrum des ASP

4.2 Das Angebot an Applikationen

Hierbei sind branchenunabhängige und branchenspezifische Anbieter zu unterscheiden. Erstere bringen einheitliche Produkte für viele verschiedene Unternehmen auf den Markt. Letztere sind auf unterschiedliche Branchen spezialisiert und bieten zugeschnittene Applikationen an.

Das Angebot schließt u. a. ein:

Dokumentenmanagement
- umfasst Verwaltung und Archivierung von Dokumenten, z.B. Präsentationen, Worddateien, Recherche- und Austauschfunktionen
- ermöglicht die Zusammenführung von Dokumenten verschiedener Nutzer und die Steuerung der Zugriffsrechte innerhalb des Unternehmens

Customer Relationship Management (CRM)
- umfasst Pflege und Ausbau von Kundenbeziehungen
- dafür werden analytische Auswertungen des AS- Anbieters zu Grunde gelegt

Enterprise Resource Planning
- allgemein: das Management von Sach- und Humankapital
- umfasst Softwareanwendungen für verschieden Bereiche im Unternehmen (z.B. Finanzbuchhaltung, Personalabrechnung, Produktionsplanung und -steuerung), die datenbankmäßig integriert sind
- die einzelnen Bereiche sind hierbei eng miteinander verbunden und machen so eine Individualisierung der ASP- Lösung notwendig

Supply Chain Management SCM (Anwendungen bezogen auf die Logistik/ Lieferung)
- z.B. Bestellsoftware, Warenbeschaffung über Online- Auktionen

Finanzierungsanwendungen
- umfasst u. a. Leasing- und Finanzierungsprogramme

Des Weiteren zählen noch Anwendungen bezogen auf das Personalmanagement, das Speichermanagement und das Office- Management zum Angebot.

4.3 Auswirkungen des Fullservice auf MU und Großunternehmen

Der gesteigerte Wettbewerb und die Öffnung der Märkte erfordern eindeutige Wettbewerbsvorteile des einzelnen Unternehmens gegenüber seiner Konkurrenz um bestehen zu bleiben. Das bedeutet, man muss bei voller Konzentration auf seine Kernkompetenzen flexibler reagieren und kostengünstiger anbieten können. Da Geschäftsprozesse mit einem steigenden Automatisierungsgrad verbunden sind, ist eine Unternehmung auf die Integration von modernster und hochqualitativer Informations- und Kommunikationstechnologie angewiesen.
Die Notwendigkeit dieser Erfolgsgröße führt jedoch vorerst zu einem Widerspruch. Wie soll eine, für die Wettbewerbsfähigkeit unerlässliche, IT- Infrastruktur aufgebaut werden, wenn durch verbundene Kosten für Sach- bzw. Humanressourcen und die vom Kerngeschäft ablenkende zeitaufwändige Implementierung genau diese Wettbewerbsfähigkeit gefährden?

Betrachten wir zuerst ein mittelständisches Unternehmen. Da mittelständische Unternehmen auf Kooperationsnetzwerke für ihre Transaktionen angewiesen sind muss dieses Unternehmen mit dem jeweiligen Partner virtuell kommunizieren können. In der Regel besitzt es keine ausreichende Finanzkraft um sich die dafür nötige technologisch hochwertige IT- Lösung in das Unternehmen zu holen. Die Investitionskosten und der Personalaufwand würden die Organisation in kurzer Zeit aus dem Markt drängen.

Die Kosteneinsparpotentiale eines ASPs sind daher leicht zu identifizieren. Die Unternehmung verhindert eine einschneidende Kapitalbindung, indem es keine Hardware außer Standardrechner, auf dem die Benutzeroberfläche läuft, anschaffen muss. Die leistungsstarken Server und Systeme befinden sich alle beim Dienstleister. Der Großteil von Administrationsvorgängen und Supportaufgaben wird gestellt und verringert somit beim Kunden anfallenden Schulungsaufwand des Personals und die Anzahl kostenintensiver IT- Spezialisten.

Die damit einhergehende Reduzierung der IT- Strukturen in der Organisation erleichtert die Konzentration auf die Hauptaufgaben. So muss sich in den einzelnen Abteilungen kein Mitarbeiter mit EDV- Problemen beschäftigen, die nicht in seinen Fachbereich fallen. IT-Know- How, was sich nicht auf die eigene Produktpalette oder die angebotenen Dienstleistungen bezieht, wird so eingespart.

Application Service Providing entlastet neben den Beschäftigten auch die Geschäftsleitung. Diese war vor dem Outsourcing mit taktischen und strategischen IT-Zielstellungen konfrontiert. Mit der Entscheidung für ASP ist eine klare Lösung gefunden worden, die über das so genannte Service- Level- Agreement umfassend definiert ist.

Aufgrund der eindeutigen Zuständigkeitskompetenzen seitens des AS- Anbieters entstehen keine Schuldzuweisungen, die zur Verzögerung der eigentlichen Problembehandlung führen würden.

Durch die Auslagerung der IT- Infrastruktur und den Anwenderprogrammen hin zu einem Dienstleister entsteht ein hohes Maß an Flexibilität, die vorher nicht gegeben war. Der entsprechende Mitarbeiter kann unabhängig vom Ort, im Außendienst oder von jeder Niederlassung mobil auf Firmendaten zugreifen und damit arbeiten.

Das ASP- Modell offeriert dem Kunden eine stabile Finanzplanung durch planbare, monatlich anfallende EDV- Kosten. Über Einzelverbindungsnachweise ergibt sich eine stetige Kostenkontrolle. Gerade im Bereich des Mittelstandes ist dem Faktor der Liquidität große Aufmerksamkeit entgegenzubringen. Die Zahlungsfähigkeit eines Unternehmens hat nämlich direkten Einfluss auf die Bonitätseinschätzung. Und das kann bei einer zunehmend schwieriger werdenden Kapitalbeschaffung für das Weiterbestehen einer Unternehmung ausschlaggebend sein.

Im mittelständischen Bereich sind oft wachstumsstarke Unternehmungen zu finden. Durch eine stufenlose Skalierbarkeit der IT- Lösung kann dieser Entwicklung gefolgt werden. Man mietet sich dafür lediglich die zusätzlich benötigten Anwendungen, die die neuen Prozesse unterstützen bzw. fördern.

Gerade im Hinblick auf ERP, CRM und Dokumentenmanagement kann der Mittelstand durch Anwendungen, die sonst nur Großunternehmen vorbehalten sind Potentiale in der Produktivität, Kundenbeschaffung und Datenverwaltung ausnutzen.
Zentraler Punkt ist hierbei, dass die betriebswirtschaftlichen Anwendungen eines ASP eine integrierte Lösung für alle Geschäftsbereiche, wie Vertrieb, Produktion oder Verwaltung des Unternehmens darstellen. Die Verbindung der einzelnen Bereiche erübrigt ein regelmäßiges Abgleichen der Daten, da nicht mehr jeder Geschäftsbereich eine spezielle Software besitzt, sondern der gesamte Bereich mit einer Komplett- Lösung arbeitet. Diese übernimmt die Abgleichung in regelmäßigen Abständen (Abb.6).

Das Dokumentenmanagement z.B. führt die Daten zusammen und legt sie zentral und für alle Mitarbeiter ortsungebunden erreichbar ab. Durch die vorgenommene Standardisierung der Archivierung kann mitarbeiterunabhängig auf die Dokumente zugegriffen werden.
Das CRM- System verwaltet alle Kontakte, insbesondere die Kundendaten. Über Schnittstellen werden die Informationen an andere Systeme, z.B. an das ERP weitergegeben. Ein durchdachtes Kundenmanagementprogramm fördert die Neukundengewinnung und kann den bestehenden Kundenstamm besser betreuen als mit einer weniger ausgereiften Anwendung.
Das ERP- System trägt eine entscheidende Rolle zur Produktivität des Unternehmens bei. Je besser die Software aufgestellt ist, umso besser können Ressourcen geplant und eingesetzt werden. Das ERP ermöglicht ein durchdachtes „Informationshandling", dass dem mittelständischen Unternehmen eine Erschließung des nun möglichen Umsatzpotentials, durch effiziente Koordinierung seines Sach- und Humankapitals, erlaubt.

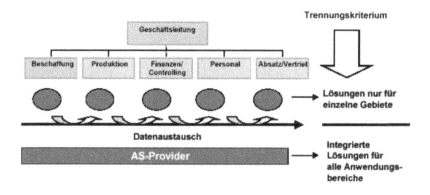

Abb. 6: Betriebswirtschaftliche Anwendung   Quelle: Katrin Sturtz (2002)

10

Obwohl die eben genannten Aspekte sich verstärkt auf den Mittelstand beziehen und somit für diesen die meisten positiven Auswirkungen darstellen, bilden Großunternehmen die Hauptkundengruppe von ASP[4]. Das resultiert hauptsächlich aus der Outsourcing-Erfahrung in anderen Bereichen des Geschäftsprozesses, was Vertrauen in solche Modelle herstellt.

In heutigen großen Unternehmen und Konzernen sind die Organisationsstrukturen und Aufgaben zum Teil so komplex, dass sie nur durch leistungsstarke Software gemanagt werden können.

Die oftmals als Globalplayer auftretenden Unternehmungen müssen Zugriff auf Daten und Dokumente von überall auf der Welt erlangen können und bedürfen daher einer ständig möglichen Vernetzung mit dem jeweiligen Mitarbeiter.

Der Aufbau einer internen IT- Infrastruktur wäre zwar finanziell möglich, ASP bietet aber zusätzliche Einsparpotentiale. So kann der Unternehmer in Folge dessen seine Produkte zu einem niedrigeren Preis anbieten und sich somit Wettbewerbsvorteile sichern.

Außerdem ist eine eigene IT- Anlage einem hohen Ausfallrisiko ausgesetzt.

Eine Umfrage der „Psinet Europe" 2003 ergab, dass allein in Deutschland ein Schaden von 1,6 Milliarden Euro jährlich eintritt. Betrachten wir nun z.B. ein Großunternehmen in der Automobilbranche, das nur an wenigen Hauptstandorten produziert, so wird deutlich: Arbeitsausfälle aufgrund nicht verfügbarer IT können aufgrund des umfangreichen Produktionsprozesses unternehmenskritisches Ausmaß erlangen. Das Rechenzentrum des ASP- Anbieters läuft dazu im Gegensatz stabiler und besitzt Server die eventuelle Ausfälle abfangen können.

4.4 Anwendungsbeispiel

DaimlerChrysler nutzt ASP- Lösung von Poet

DaimlerChrysler nutzt hinsichtlich seines elektronischen Beschaffungssystems „eShop" eine ASP- Lösung vom Karlsruher Anbieter POET. Der AS- Provider übernimmt das Katalogmanagement und die Katalogerstellung im Full- Service. D.h. neben der eigentlichen Katalogmanagementlösung werden auch noch weitere Services, wie Anbindung, Updates und Schulung der Lieferanten zur Verfügung gestellt.

Ändern sich nun beispielsweise die Preise und das Sortiment eines Zulieferers für DaimlerChrysler, so loggt der Zulieferer sich in die Katalogmanagement- Lösung von POET ein und lädt die neuen Daten der aktualisierten Artikel in das System. Entsprechen sie den von Daimler gesetzten standardisierten Anforderungen wird das Update noch am selben Tag durchgeführt. 100 Lieferanten mit über 120 Katalogen haben Zugriff auf die Datenbanken und können diese über ihre Online- Anbindung ständig aktualisieren und sich Informationen verschaffen. Diese Automatisierung von Beschaffungsvorgängen schuf DaimlerChrysler einen enormen Wettbewerbsvorteil im Absatzbereich. Durch den unkomplizierten Zugriff auf aktuelle Kataloginhalte, wird der Kunde schnell das finden, was er auch kaufen möchte.

Das Ergebnis der ASP- Nutzung sind einfache Prozesse hinsichtlich des Katalogmanagements, ein einheitlicher Katalogstandard und schnelle Updates.

---

4   berlecon research, (16.10.2001)

5 Exkurs

Vergleich: Softwareleasing, Standardsoftware und Individualsoftware

Individualsoftware:

Vorteile	Nachteile
• Softwareanpassung an Betriebsprozesse • Erhöhung der Produktivität • Unabhängigkeit (bei eigenen Entwicklungsteams) • Anforderungsprofil = Leistungsumfang • Wettbewerbsvorteil durch Implementierung von Innovationen • Minderung des Schulungsaufwands des Personals	• Entwicklungs- / Implementierungskosten • Risiko der Offenlegung von Betriebsabläufen gegenüber externen Entwicklungsteams • Unvorhersehbarkeit des Erfolgs der individuellen Lösung • Abhängigkeit vom externen Entwickler

Standardsoftware:

Vorteile	Nachteile
• Kostenvorteile • Zeitvorteile • Qualität der Software • Know-how- Einkauf • Weiterentwicklung der Software • Supportfunktion des Herstellers	• Hardwarewechsel • Abhängigkeit vom Hersteller • Aufwand für Datenpflege • Anpassung der Betriebsprozesse an die Software • Performancebeeinträchtigung durch nicht benötigte Funktionen • sich verändernde Mitarbeiterqualifikation

Im Folgenden werden nun ausgewählte Vor- und Nachteile der genannten Alternativen näher erläutert.

Individualsoftware zeichnet sich durch eine hohe Spezifizierung auf die Unternehmensanforderungen aus. Im Idealfall entspricht der Leistungsumfang am Ende der Entwicklungsarbeit auch dem Anforderungsprofil der Unternehmung. So können spezielle Anforderungen an den Produktionsprozess explizit berücksichtig werden, was eine positive Wirkung auf die Produktivität des Unternehmens hat. Bei Standardsoftware ist das Gegenteil der Fall. Hier erwirbt man das fertige Produkt und muss darauf seine Betriebsabläufe ausrichten. Dies zieht eine Reorganisation in Aufbau und Ablauf nach sich.
Zusätzlich kommt es zur Verringerung des Schulungsaufwandes des eigenen Personals.

Während einer Eigenentwicklung formuliert der Anwender seine Anforderungen, die das entwickelnde Team direkt in die Datenverarbeitungs- Software umsetzt. Es entfallen also die erforderlichen Kenntnisse für die Arbeit mit einer standardisierten Anwendung. Durch die Nutzung neuester technischer Ansätze kann die Individualsoftware zu einem Wettbewerbsvorteil werden. Dem Unternehmen wird es durch den entstandenen Vorsprung möglich sich von der Konkurrenz abzugrenzen, sofern die Innovationen noch nicht im Standard verarbeitet worden sind. Der entstandene Leistungsumfang der optimal zugeschnittenen Software entspricht dem vorgegebenen Anforderungsprofil, währenddessen die Einbindung nicht benötigter Funktionen in gekaufter Software zu Performancebeeinträchtigungen, z.B. durch zu großen Speicherbedarf, führt. Unabhängigkeit ist bei unternehmenseigener Software nur gegeben, wenn sie in der eigenen IT- Abteilung entwickelt wurde. Im Fall der Entwicklungsvergabe an Externe entsteht, wie bei Standardsoftware, ein Abhängigkeitsverhältnis. Demnach ist u. a. die Funktionsfähigkeit, Sicherheit, Weiterentwicklung und Wartung abhängig vom solventen Dienstleister.

Bei der Entwicklung von Unternehmenssoftware ist die Offenlegung von Betriebsabläufen und Betriebsstrukturen gegenüber dem externen Entwicklungsteam als nachteilig zu betrachten, da die Weitergabe der Daten an Dritte theoretisch möglich ist.

Betrachtet man den Kostenaspekt hinsichtlich der Anschaffung, so ist Standardsoftware kostengünstiger. Der Sachverhalt, dass standardisierte Anwendungen von vielen genutzt wird senkt den Preis dementsprechend für den einzelnen Nutzer. Muss die gekaufte Software jedoch an das Unternehmen angepasst werden können die Kosten stark steigen.

Die Zeit der Implementierung ist ein Vorteil des Kaufes von Unternehmenssoftware. Sie ist schnell verfügbar und die Informationsverarbeitung kann unter Vorraussetzung geeigneter Hardware im Unternehmen schnell realisiert werden. Diese Art von Software ist von vielen Anwendern bereits überprüft worden und damit weniger fehlerbehaftet als Individualsoftware.

Für kleinere und mittlere Unternehmen bedeutet Standardsoftware oft einen „Einkauf an Know-how" und damit Prozessinnovation, der sonst für sie unerreichbar wäre.

Standardsoftware benötigt aufgrund des Vollständigkeitsziels mehr Daten als es bei der Individuallösung der Fall wäre. Da bei fehlerhafter Eingabe sich Kettenreaktionen bilden können ist eine sorgfältige Eingabeprüfung unerlässlich.

Im Anschluss an die Gegenüberstellung von Individual- und Standardsoftware wird nun noch die Variante des Leasings bzw. die des Application Service Providing hinzugezogen.

Softwareleasing:

Vorteile	Nachteile
Strategie	
• Konzentration auf Kerngeschäft • Flexibilität • Standardisierung und damit Ausrichtung an modernen IT-Lösungen • Übertragung des Risikos der Systembeherrschung • schlanke Organisationsstruktur	• Abhängigkeit vom Dienstleister
Leistung	
• hohe Kompetenz des ASP- Anbieters • Zugang zu intern nicht verfügbarem Know-how • Klar definierbare Leistungen und Verantwortlichkeiten • Externe Lösung der Systemsicherheitsprobleme • schnelle Einsetzbarkeit und gute Skalierbarkeit von Lösungen • Einfacher, globaler Zugang, z.B. über Internet • vereinfachte Integration von neuen Unternehmensstandorten • Individualisierung möglich	• Gefahren bezüglich Datensicherheit und -verlust • Abstimmung mit interner Software • Konkurs des Anbieters
Kosten	
• Economies of Scale des ASP mit positiven Auswirkungen auf Infrastruktur- und Implementierungskosten des Kunden • Geringe Einführungskosten, gute Kostentransparenz und -planbarkeit • Variable Kosten, statt fixe Kosten • Vermeidung von Kapitalbindung • Einsparung von Fachpersonal • Reduzierung des Schulungsaufwands	• steigende Telekommunikationskosten

14

Im Grunde genommen ist die zur Verfügung gestellte Software auch Standardsoftware. Die Vorzüge des ASP überwiegen dabei die Nachteile im Vergleich zur ursprünglichen Variante. In Bezug auf die Strategie des Unternehmens erlaubt das ASP eine Konzentration auf die Kerngeschäfte der Organisation. Durch die Auslagerung von Anwendungen und dem Hauptteil der IT- Infrastruktur, wie zentrale Server, übernimmt der Provider die Implementierung, Aufgaben der Datenverwaltung, die Wartung der Anwendungen bzw. Hardware und damit das Risiko der Systembeherrschung einschließlich der Systemsicherheitsprobleme. Die folglich schlankere Organisationsstruktur im Vergleich zur Implementierung im eigenen Unternehmen verkürzt Informationswege und lässt zeitaufwendige Arbeiten entfallen, die so Raum für eigentliche Aufgaben schaffen. ASP bedeutet, verglichen mit Standardsoftware, einen Flexibilitätsvorteil der aus dem Zugang über Internet oder Direktleitung auf die Anwendungen und Daten zu jederzeit an jedem Ort resultiert.

Auf die Leistung der Unternehmung bezogen, bietet ASP alle Vorteile der gekauften Applikation. Der ASP- Anbieter verfügt über hohe Kompetenz bzw. IT-Know-how, welche dem Kunden zur Verfügung gestellt werden. Die Software unterliegt ständiger Weiterentwicklung und ist schnell verfügbar ohne abhängig von einem bestimmten Ort zu sein. Der globale Zugriff auf die Anwendungen erleichtert die Integration von neuen Unternehmensstandorten.
Durch die fehlende Implementierung direkt im Unternehmen kann es aber zu Problemen der Kompatibilität von bereitgestellter Applikation und interner Unternehmenssoftware geben.
Der Konkurs des Providers hat beim ASP im Vergleich zu den anderen zwei Varianten die schwerwiegendsten Folgen. Der plötzliche Wegfall der Verfügbarkeit von betriebsnotwendigen Anwendungen kann für den Produktionsprozess sehr problematisch sein. Die Daten der Unternehmung liegen extern beim Provider vor. Damit ist das Risiko, wie auch bei Individualsoftware, dass interne Unternehmensinformationen an Dritte gelangen, verbunden.
ASP- Lösungen werden vom Anbieter einer Vielzahl von Kunden zur Verfügung gestellt, was folglicherweise zu einem bestimmten Standardisierungsgrad führt, der unternehmensspezifischen Anforderungen u. U. nicht nachkommen kann. Eine Individualisierung ist aber durch spezielle Vertragsgestaltungen (SLA) realisierbar.

Der Kunde spart beim ASP im Gegensatz zu Standardsoftware Investitionen in Lizenz- und Implementierungskosten, wobei letztere auch bei Individualsoftware anfallen. Dieser Effekt wird durch die Einsparung von Server- Hardware noch verstärkt. Um die Anwendungen zu nutzen sind im Unternehmen lediglich Standardrechner nötig. Da der Anwender über die Nutzungszeit entscheidet, sind die Kosten variabel gestaltbar und klar zu kalkulieren. Eine exakt kalkulierbare Ratenzahlung, die jegliche Verbindlichkeiten gegenüber dem AS- Anbieter in Verbindung eines mehrjährigen Vertrages abgleicht, bedeutet einen eindeutigen Vorteil gegenüber dem sonstigen Kapitaleinsatz beim Kauf. Im Personalbereich lassen sich zusätzlich Kosten einsparen. Man benötigt weniger Fachpersonal für die EDV und spart damit Personalentwicklung. Im Vergleich zur Standard- und Individualsoftware fallen allerdings zusätzlich Kosten für die Telekommunikation an.

Aufgrund der weit reichenden Vorteile des Softwareleasings lohnt gekaufte Software höchstens dort, wo standardisierte Betriebsprozesse ablaufen und somit keine zusätzliche

Anpassung notwendig ist. Das Unternehmen sollte sich möglichst auf wenige Standorte verteilen um die Kosten der jeweiligen IT- Infrastruktur in Grenzen zu halten. Individualsoftware ist für kleinere Betriebe ohne komplexe Strukturen und Prozesse zu empfehlen. Für spezialisierte neuartige und innovative Produkte werden eher individuelle Anwendungsprogramme von geringem Umfang notwendig sein.

6 Ausblick

6.1 Wachstumsentwicklung des ASP- Marktes

Die Verbreitung der Technologie des Internets und die vermehrte Anwendung von Browser- basierten Nutzeroberflächen, insbesondere in der Unternehmenslandschaft in den letzten Jahren, bilden die Grundlage des stetigen Erfolges des ASP- Modells. Hinzu fördern modernste Hardware und neueste Technologien für Web- Anwendungen immer leistungsstärkere Systeme und somit die Aufwärtsentwicklung der ASP- Anbieter.

Abbildung 7 zeigt das enorme Wachstum der Umsätze im europäischen Markt des ASP. Von 1999 bis 2004 sind die Umsätze um fast das 107- fache gestiegen. Hinsichtlich der nächsten Jahre prognostiziert man eine jährliche Wachstumsrate von 91,9 Prozent[5].

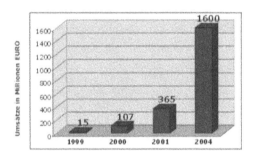

Abb.7: Der europäische ASP- Markt   Quelle: www.4managers.de

Das Wachstum des ASP- Marktes in der Zukunft lässt sich auch aufgrund der möglichen Folgeaufträge begründen. Dazu gehören u. a. Serviceleistungen wie eCommerce- Transaktionen oder die Bereitstellung von wichtigen Business- Schnittstellen zu anderen Unternehmen und neuen Technologien. Application Service Providing nimmt damit eine zentrale Stellung bezüglich der Ausweitung des eCommerce und der Weiterentwicklung von Unternehmen hin zu vollständigen „Internet- Business- Unternehmen" ein.

Zusätzlich wird die Etablierung des ASP- Marktes in Europa und Deutschland vom ASP- Konsortium gefördert. Es wurde am 30.03.2000 in München gegründet und zielt auf den Erfahrungsaustausch hinsichtlich neuer technischer Entwicklungen und Anwendungsbereiche, sowie die Erarbeitung neuer Standards ab. Da das Konzept insbesondere für mittelständische Unternehmen Chancen bietet, hat ASP in Deutschland mit seinem ausgeprägten Mittelstand und der Branchenvielfalt gute Erfolgsaussichten sich durchzusetzen.

---

5 Market Research Frost & Sullivan, (2000)

16

ASP verändert die globale Online- Wirtschaft. In der Zukunft wird es selbst kleineren Unternehmen möglich sein mit geringen Ressourcen Zugang zu wettbewerbsfähigen hochtechnologischen IT- Lösungen zu erlangen. In einer Zeit, in der die Kosten einer Unternehmung zu einem der wichtigsten Wettbewerbsfaktoren geworden sind, wird jedes Einsparpotenzial wahrgenommen. Die Kosteneinsparungen belaufen sich auf bis zu 50 bis 70 Prozent[6] im Gegensatz zu alternativen IT- Lösungen.

Auf dem Markt befinden sich viele Teilnehmer, d.h. Anbieter von Hard- und Software und Betreiber von Rechenzentren, Netzwerken und Telefongesellschaften. In naher Zukunft werden im Bereich Software jene Anbieter in den ASP- Markt eintreten, die früher hauptsächlich Standardsoftware verkauft haben. Ein Beispiel hierfür ist das Unternehmen Microsoft, das die derzeitige Entwicklung erkannt und darauf reagiert hat.

6.2 Wichtige Anbieter

- Wichtige Anbieter von Applikation Service Providing:
- Sun Microsystems
- IBM
- SAP
- Intel
- Cisco Systems
- Microsoft

7 Fazit

In der heutigen Wirtschaft, wo Unternehmen ständigen Veränderungen am Markt unterlegen sind, spielt die eingesetzte IT- Technologie eine wichtige Rolle im Konkurrenzkampf. Sie unterliegt einem ständigen technischen Fortschritt. Wer mit diesem nicht Schritt halten kann wird kaum in der Lage sein wettbewerbsfähig zu bleiben.

Die Seminararbeit hat gezeigt, dass die IT- Alternative Application Service Providing die nötige Synchronisation von Businesszyklen und Informationstechnologiezyklen herstellen kann. Die Anpassungsreaktionen, die ASP im Unternehmen leistet, bringen Vorteile hinsichtlich der Kosten, des Zeitaufwands und des Zugriffs auf modernste, hochtechnologische IT- Produkte, welche durch andere Wettbewerbsfaktoren nicht auszugleichen sind.

Gründe der Ablehnung des ASP- Modells resultierten größtenteils aus dem Problem der Datensicherheit/ -verlustes und der fehlenden Individualisierung. Hinsichtlich des ersten Punktes ist durch neue Verschlüsselungsverfahren, wie „Public Key", und der damit verbundenen Prüfung der Berechtigung des Zugriffs jedes Nutzers, ein hoher Sicherheitsstandard erreicht worden. Leistungsfähige Speichersysteme und gutes Speichermanagement wirken dem Datenverlust entgegen.
Zum zweiten Aspekt ist anzuführen, dass immer mehr AS- Provider durch Beratungsservice und Customizing, also Anpassung an den unternehmerischen Prozess, ihre Anwendungen individualisieren bzw. das optimale Softwarepaket für die einzelne

---

6   Gartner Group research, (2004)

Unternehmung anbieten können. Unterstützende Einheiten, so genannte Helpdesks, verminderten in der nahen Vergangenheit die kritisierte Standardisierung zusätzlich.

Begriffserklärung

VPN: Netzwerk, das aus mindestens zwei Teilnetzwerken besteht, die über öffentliche Leitungen (z.B. dem Internet) miteinander verbunden sind und bei dem die Vertraulichkeit, Integrität und Authentizität der Daten gewährleistet sind

Applets: Programme, die in Java geschrieben sind und deren kompilierter Code in einem plattformneutralen ".class"- File enthalten ist, werden vom Browser über die HTML- Seite geladen und von der "virtuellen Java- Maschine" (JVM) ausgeführt

Plug-In: Programmerweiterung bzw. ein Hilfsprogramm

KMU: kleine und mittelständische Unternehmen

MU: mittelständisches Unternehmen

Economies of Scale: Kostenvorteile aufgrund von Massenproduktion

Implementierung: Umsetzung der fertigen Software in eine lauffähige Anwendung

IT- Infrastruktur: materielle Einrichtungen für ökonomische Entwicklung

Bugfix: Fehlerbeseitigung in einer Applikation

Upgrade: Erweiterung/ Ausbau der Hardware

hosten: technische Bereitstellung von Inhalten über ein Netzwerk

Quellenangaben

- cio-magazin.de/news/804295/index.html, (25.11.05)

- www.comparex.de/download/whitepapers/cpa_asp_de.pdf, (26.11.05)

- Sebastian Hockmann, Analyse des Application Service Providing Modells für den Mittelstand mit prototypischer Umsetzung (Diplomarbeitsausschnitt), (31.05.2003), www.hausarbeiten.de/faecher/vorschau/2462.html, (26.11.05)

- www.electronic-business.at/FAQ/112.html, (2.12.05)

- Heike Koch, ASP: mehr als nur Mietsoftware (Band 34), (2002), www.hessen-infoline.de, (2.12.05)

- Katrin Sturtz, Application Service Providing (Seminararbeit), (2002), homepages.fh-giessen.de/~hg11285/, (3.12.05)

- www.kmuplus-magazin.de/index.php?page=/05-05/tuning.html, (3.12.05)

- www.x-solutions.poet.com/de/customers/DaimlerChrysler2003_01b.html, (2.01.06)

- www.newsolutions.de/news400/artikel/biblio/aspmod.pdf, (2.01.06)

- www.golem.de/showhigh2.php?file=/0012/11305.html&wort[]=asp&wort[]=frost&wort[]=sullivan, (3.01.06)

- www.ecin.de/technik/asp/, (3.01.06)

- www.webhostlist.de/host/news/read.php?id=357&layout=, (9.12.05)

- www.teletalk.de/archiv/9910/07102426-asp.php3, (9.12.05)

- Detlev Ahrens, Application Service Providing (Seminararbeit), (2000),
- gcc.upb.de/www/WI/WI2/wi2_lit.nsf/0/4fa012c7246737e7412569810046720a?OpenDocument&TableRow=3.3, (11.12.05)

- Martin Bernhard, IT-Outsourcing: Quo Vadis? - Kommt ASP?, IT-Management, (Januar 2001)

- Gerhard F. Knolmayer, Application Service Providing (ASP), Wirtschaftsinformatik 42, (2000), www.wirtschaftsinformatik.de/wi_artikel.php?sid=453, (16.12.05)

- Stahlknecht, Aktueller Stand und Entwicklungstendenzen im IT-Outsourcing und im Application Service Providing, (2001), wi.wiwi.uni-marburg.de/WebSite/Abruf.nsf/(LookupForm)/0D145D7D773F292FC1256A8400353E09, (16.12.05)

- www.pfif.de/html/standard.html);http://www.s-und-d.de/warum_individual.htm, (18.12.05)

- www.s-und-d.de/warum_individual.htm, (3.12.05)

- www.dokumenten-management.de/dminfo/news/news.htm, (26.11.05)

- de.wikipedia.org/wiki/Kundenbeziehungsmanagement, (24.11.05)
- de.wikipedia.org/wiki/Enterprise_Resource_Planning , (24.11.05)